Ab 8 Jahren

P. Pfister & C. Zettl

Die Alb-Detektive

Gefahrenzone Bikepark

LITERATURSEITEN

- Textverständnis und Lesekompetenz
- Rechtschreib- und Konzentrationsübungen
- Fantasie & Kreativität

www.kohlverlag.de

Die Alb-Detektive: Gefahr im Bikepark
Literaturseiten

1. Auflage 2021

Inhalt: Petra Pfister und Christiane Zettl
Grafik & Satz: Kohl-Verlag
Druck: farbo prepress GmbH, Köln

Bestell-Nr. 14 222

ISBN: 978-3-98558-030-9

Bildquellen: alle AdobeStock.com:
Titel: KNABE Verlag Weimar; S.2: Africa Studio; S. 3-36+39-52: stockphoto-graf; S 4+5: KNABE Verlag Weimar; S. 8: KNABE Verlag Weimar; S. 11: Artalis-Kartographie; S. 12: Gstudio; S. 14: doidam10; S. 18: © Miceking, © Anna; S. 19: © JULA; S. 21: © ii-graphics; S. 22: © markus_marb; S. 31: © Netzer Johannes; S. 37+38: © pdesign; S. 40: © stockphoto-graf. © pdesign; S. 42: © pdesign; S. 43: © lar01joka; S. 44: © jagodka, © Robert Kneschke, © Christian Jung; S. 45: © lar01joka, © Miceking; S. 46: © KNABE Verlag Weimar; S. 47: © Artalis-Kartographie
Clipart.com: S. 22, 38, 39

Inhaltsverzeichnis

Die Alb-Detektive: Gefahr im Bikepark

Seiten

Vorwort

Liebe Kolleginnen und Kollegen

die Lektüre „Die ALB-Detektive – Gefahrenzone Bikepark“ bietet spannende Leseanreize für Kinder der Klassen 3 bis 5. Der erste Fall um das Ermittlertrio Alex, Linus und Bea mit ihrem Dackel Fridolin zieht die Schüler durch den engen Bezug zu ihrer Lebenswelt direkt in den Bann.

Das vorliegende Begleitmaterial eignet sich sowohl zum Einsatz im Klassenverband mit gemeinsamen Lesestunden als auch zur individuellen und selbstständigen Bearbeitung durch die Schüler.

Aufgrund der kapitelweisen Aufarbeitung können sich die Kinder den Inhalt eigenständig und umfassend erschließen. Da jedem Kapitel mindestens ein Arbeitsblatt mit abwechslungsreichen Aufgaben zugeordnet ist, bekommen die Kinder die Möglichkeit, die Handlung zu verinnerlichen und sich mit den Charakteren der Geschichte zu identifizieren. Dabei bilden Rätsel, Purzelwörter, Lesemalaufgaben und ein Würfelspiel abwechslungsreiche Anreize zur Textarbeit.

Motivierende Aufgaben zum sinnerfassenden Lesen werden ergänzt durch Aufgaben zum Schreiben eigener kleiner Texte bis hin zum Verfassen einer Abenteuergeschichte und eines Berichts.

Passende Aufgaben aus dem Bereich der Sprachbetrachtung z. B. Wörtliche Rede und die Erarbeitung von Eigenschaftswörtern runden die Schreibaufgaben ab. Somit werden alle Arbeitsbereiche des Faches Deutsch abgedeckt.

Durch eine inhaltliche Verknüpfung des Buchinhaltes mit dem Thema „Fahrrad“ im Bereich der Verkehrserziehung oder einfache Karten- oder Planarbeit gibt es fächerverbindende Aspekte zum Sachunterricht.

Zusätzlich zu den einzelnen Kapiteln finden Sie Ideen und Arbeitsblätter, wie Sie Ihre Schüler mit dem Buch vor der Lektüre vertraut machen können. Hinweise für die Weiterarbeit nach der Lektüre und Differenzierungsmöglichkeiten, die begleitend zur Lektüre eingesetzt werden können, vervollständigen die Kopiervorlagen.

Wir wünschen Ihnen und Ihren Schülerinnen und Schülern viel Spaß mit den ALB-Detektiven in der Gefahrenzone Bikepark.

Christiane Zettl und Petra Pfister

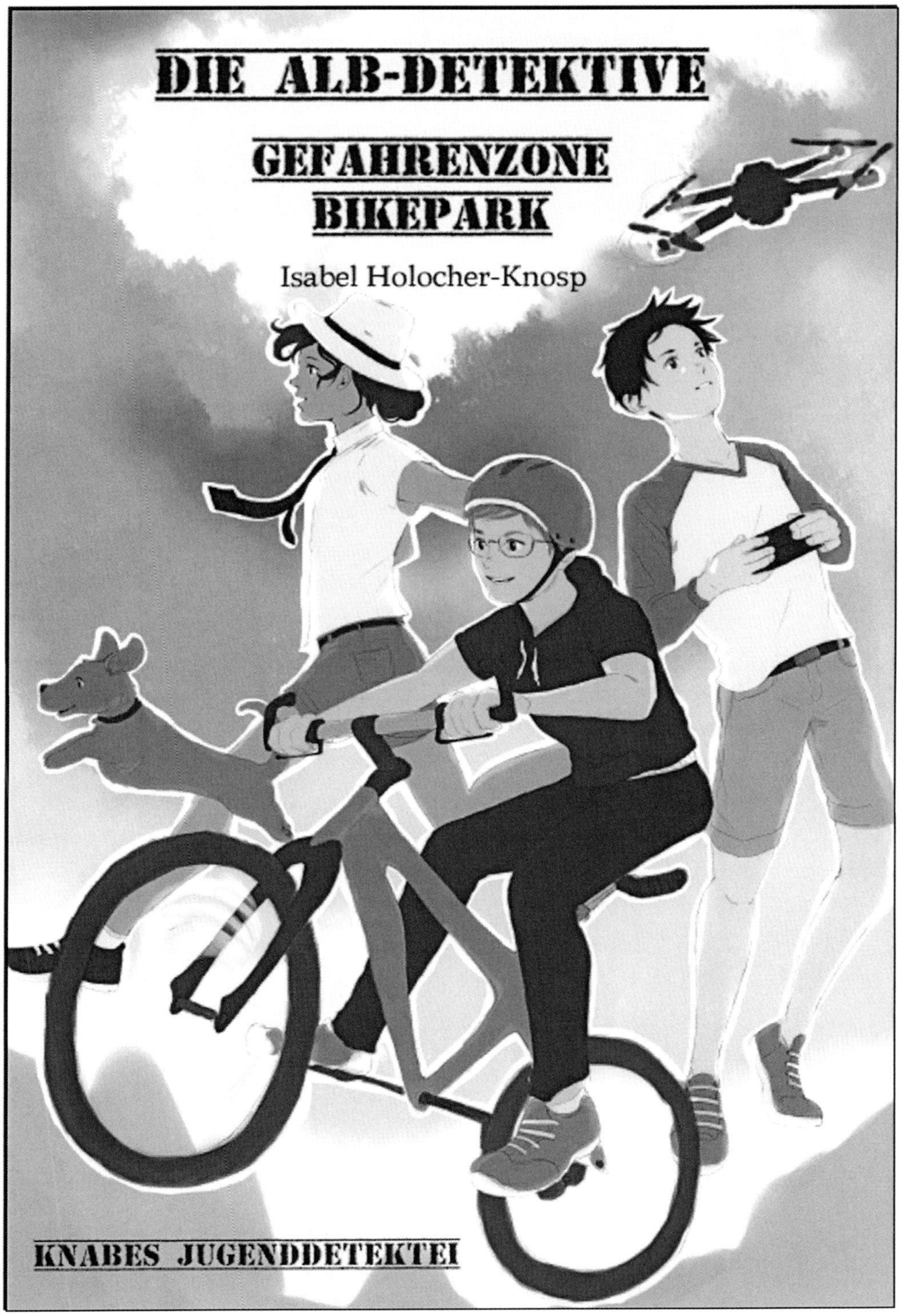

DIE ALB-DETEKTIVE

GEFAHRENZONE BIKEPARK

Isabel Holocher-Knosp

KNABES JUGENDDETEKTEI

Name: ______________________________

Klasse: ______________________________

Vor der Lektüre – Titelbild, Buchumschlag und Inhalt

Aufgabe 1: *Sieh dir das Titelbild genau an. Welche Gedanken gehen dir durch den Kopf? Was glaubst du, passiert alles in dem Buch?*

____

____

____

____

____

____

Aufgabe 2: *Lies nun den Klappentext auf der Buchrückseite. Streiche die falschen Aussagen rot durch.*

> Im **Albstädter/Altstädter** Bikepark lauert Gefahr. Ein **bekannter/unbekannter** Täter spannt Drähte über die Downhillstrecke und ausgerechnet der **elfjährige/zwölfjährige** Alex fährt in diese Drahtfalle.
>
> Da die Polizei im Dunkeln tappt, gründet **Alexa mit ihren Freunden Linus und Bea/Alex mit seinen Freunden Linus und Bea** eine Detektivbande. Es dauert **lange/nicht** lange und der mysteriöse „Drahtfallentäter" schlägt wieder zu. Kann unter diesen Umständen die **Rennrad-Weltmeisterschaft/Mountainbike-Weltmeisterschaft** in **Altstadt/Albstadt** stattfinden?
>
> Die **Alb-Detektive/ALB-Detektive** ermitteln im Umfeld der Radsportgegner. Können sie den **„Drahtfallenverräter"/„Drahtfallentäter"** stoppen, bevor es weitere Opfer unter den Radsportlern gibt?

Aufgabe 3: *Ergänze die Angaben zum Buch.*

Autorin des Buches: ______________________

Verlag: ______________________

Anzahl der Kapitel: ______________________

Seitenzahl: ______________________

Kapitel 1: Downhill

S. 1 – 3

Aufgabe 1: *Alex bereitet sich auf die erste Abfahrt im Bikepark vor.*

a) *Nummeriere die einzelnen Schritte in der richtigen Reihenfolge.*

- ☐ Am Schluss kam die temporeiche Abfahrt über eine Wiese. (I)
- ☐ Mit seinem Bike hängte er sich an einem Bügel am Lift ein und kam sicher oben an. (O)
- ☐ Weiter ging es über eine Holzbrücke rasant in eine Kurve. (H)
- ☐ Dann raste er an gepolsterten Bäumen vorbei. (N)
- ☐ Weil es so gut gelaufen war, fühlte er sich bereit für eine neue Herausforderung. (L)
- ☐ Alex reihte sich in die Warteschlange am Lift ein. (D)
- ☐ Zuerst kam die Northshore-Rampe, die er gut schaffte. (W)

b) *Trage die Lösungsbuchstaben der Reihe nach ein.*

Lösungswort: ☐ ☐ ☐ ☐ ☐ ☐ ☐ L

Aufgabe 2: **a)** *Lies auf Seite 2 nach, welche Herausforderung er wählt und schreibe sie auf.*

Er wählt die ________________ Route.

b) *Was bedeutet DH? Kreuze an.*

- *DH bedeutet: Daumen hoch.*
- *DH bedeutet: Das wird heiß.*
- *DH bedeutet: Downhill, d. h. auf Deutsch „den Berg runter".*

Kapitel 2: Falle

S. 4 – 7

Aufgabe 1: *Wie kann sich Alex bei der gefährlichen Abfahrt schützen?*

a) *Finde 8 Möglichkeiten im Suchsel.*

b) *Male die Wörter für seine Ausrüstung blau an und kreise die Schutzmaßnahmen rot ein.*

A	S	D	F	G	C	G	P	U	I	L	Ö	R	G	F	B	B	T	E	V
C	U	L	E	N	K	E	R	U	M	K	L	A	M	M	E	R	N	L	B
E	R	T	Z	U	I	B	O	I	L	P	Ä	U	D	S	Q	E	R	T	D
F	T	G	H	J	Z	N	T	C	V	I	O	S	E	D	L	M	O	P	S
S	D	E	R	V	H	O	E	E	R	I	L	B	S	D	B	S	R	H	O
G	E	R	T	V	B	J	K	K	L	O	E	A	X	C	V	E	B	N	P
Y	E	R	S	C	H	U	T	Z	B	R	I	L	L	E	Z	N	U	J	A
E	R	R	C	V	E	Z	O	E	N	B	U	A	W	I	V	A	U	N	I
E	R	C	T	N	L	E	R	S	V	U	X	N	Y	A	C	F	V	E	L
E	R	N	T	R	M	V	E	D	S	C	O	C	C	Z	L	E	H	L	U
R	F	E	U	I	U	O	N	C	H	A	E	I	B	H	E	T	N	N	J
A	E	L	I	N	A	D	C	R	H	V	E	E	U	L	R	S	E	Ä	C
E	R	E	B	N	E	L	I	B	O	X	I	R	V	B	R	I	K	R	B
T	R	G	K	N	I	E	S	C	H	O	N	E	R	V	D	B	S	O	L
E	C	V	B	J	U	D	R	Z	G	E	B	N	C	L	Ö	Z	V	S	N
U	E	L	L	E	N	B	O	G	E	N	S	C	H	Ü	T	Z	E	R	I

Aufgabe 2: *Zeichne dazu, welche Ausrüstung Alex auf diesem Bild noch fehlt.*

Kapitel 3: Spuren

S. 7 – 12

Alex, Linus und Bea sind gute Freunde. Sie haben viele Gemeinsamkeiten und sind dennoch verschieden.

Aufgabe 1: *Kreuze jeweils den passenden Buchstaben an. Manchmal passt ein Satz auch für alle drei Kinder.*

A	L	B	ist klein und zierlich.
A	L	B	hat eine Vorliebe für Krawatten.
A	L	B	fahren oft zusammen Fahrrad oder Skateboard.
A	L	B	trägt eine Brille.
A	L	B	ist sehr gut in der Schule.
A	L	B	spielen am liebsten Fußball.
A	L	B	kann Roboter programmieren.
A	L	B	trägt gerne einen Männerhut.
A	L	B	will kein Streber sein.
A	L	B	wollen gut miteinander auskommen.
A	L	B	umgibt sich meist nur mit Jungs.
A	L	B	spricht manchmal spanisch.
A	L	B	hat einen Onkel, der Polizist ist.
A	L	B	findet sich nicht sportlich genug für Downhill-Fahren.
A	L	B	ist begeistert vom Downhill-Fahren.

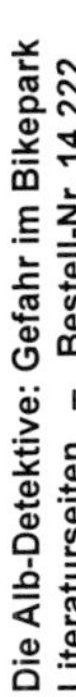

Kapitel 3: Spuren

S. 7 – 12

Aufgabe 2: *Schreibe für jedes Kind und dich selbst einen Steckbrief.*

Name: ______ **Aussehen**: ______ **Hobbies**: ______ **Besonderheiten**: ______	Name: ______ **Aussehen**: ______ **Hobbies**: ______ **Besonderheiten**: ______
Name: ______ **Aussehen**: ______ **Hobbies**: ______ **Besonderheiten**: ______	Name: ______ **Aussehen**: ______ **Hobbies**: ______ **Besonderheiten**: ______

Kapitel 4: Drei Detektive

S. 12 – 14

Aufgabe 1: **a)** *Wie möchten die drei Kinder die Polizei unterstützen? Vervollständige den Lückentext.*

> Die Kinder wollen eine ____________________ gründen. Sie nennen sich die ____________________, weil sich ihre ______________ darin verstecken und weil sie von der ______ kommen. Damit ist die Schwäbische Alb gemeint.

b) *Hier siehst du eine Karte vom Bundesland Baden-Württemberg. Male die Schwäbische Alb braun an.*

c) *Suche und markiere den Wohnort der drei Detektive mit einem roten Stift.*

Aufgabe 2: *Würdest du auch gerne einmal als Detektiv ermitteln? Mit wem würdest du eine Detektivbande gründen?*

Schreibe die Namen deiner Detektivbandenmitglieder auf und überlege dir einen passenden Namen.

____

____

____

____

Die Alb-Detektive: Gefahr im Bikepark
Literaturseiten – Bestell-Nr. 14 222

Kapitel 5: Fragen über Fragen

S. 14 – 16

Aufgabe 1: *Schreibe die Purzelwörter richtig in die Lücken.*

Als die drei Detektive sich am nächsten Tag auf die Suche begeben, finden sie lediglich		
eine alte	....	A R E A T D E R W K N
einige	....	I E T P T Ü A P A C R S H C H N E R E
einen	....	I D R N S H K N E H A D C H U

Aufgabe 2: *Die ALB-Detektive haben schon einiges über den Drahtfallentäter herausgefunden. Setze die Wörter zusammen, schreibe sie auf und zeichne zu jedem Wort ein kleines Bild in die Lupe.*

CURDK UFß BA

____

HRDAT

____

SHIDCL

____

Kapitel 6: Albstadt Bike Marathon

S. 17 – 19

Die Menschen denken unterschiedlich über den Bikepark. Mountainbiker, Anwohner und die Interessengemeinschaft haben verschiedene Meinungen.

Aufgabe 1: **a)** *Male die Sprechblasen in den entsprechenden Farben an: Mountainbiker blau, Anwohner rot, Interessengemeinschaft grün*

b) *Lest in verteilten Rollen und findet weitere Argumente, die für oder gegen einen Bikepark sprechen.*

Die Liftnutzer lassen den Müll liegen!

Wir machen die Wege nicht kaputt!

Die Fahrradfahrer erschrecken das Wild und machen die Wege kaputt!

Wenn der Weg schmaler als 2 m ist, darf man dort nicht mit dem Rad fahren!

Wir finden den Bikepark klasse!

Die Straße vor dem Bikepark geht wegen der vielen, mit dem Auto anreisenden, Leute kaputt!

Die Fahrradfahrer haben schon genug Wege!

Die Alb-Detektive: Gefahr im Bikepark
Literaturseiten – Bestell-Nr. 14 222
KOHL VERLAG

Kapitel 7: Der Fußabdruck

S. 19 – 22

Was ist denn hier passiert? Durch den vielen Regen ist beim Bike Marathon alles voller Schlamm und Matsch. Sogar auf dem Text haben sich Schlammspritzer verteilt.

Aufgabe 1: **a)** *Hilf den ALB-Detektiven bei der Spurensuche und schreibe die Wörter neben die Schlammflecken.*

Nach einer Pause von zehn Minuten kam eine Gruppe

von __ __ __ __ __ __ __ __ __ __ zur
6

__ __ __ __ __ __ __ __ __ __ __ __ __ __ __ __ __ __. Sie
2

berichteten, dass plötzlich ein riesiger __ __ __ mitten auf dem

Weg lag. Peter ist darüber __ __ __ __ __ __ __ __.
8 7

__ __ __ __ __ konnte nicht mehr __ __ __ __ __ __ __ und hat
10 5

sich beim Sturz an der __ __ __ __ __ __ __ __ verletzt. Die
9

Detektive __ __ __ __ __ __ __ zur
4

__ __ __ __ __ __ __ __ __ __ __ __ und suchten die
1

__ __ __ __ __ __ __ __ ab.
11

b) *Trage die Buchstaben ein, dann weißt du, was drei ALB-Detektive gefunden haben.*

__ __ ß __ __ __ __ __ __ __ __
1 2 3 4 5 6 7 8 9 10 11

Die Alb-Detektive: Gefahr im Bikepark – Literaturseiten – Bestell-Nr. 14 222

Kapitel 8: Der Plan

S. 23 – 25

Ein guter Detektiv muss sehr gewissenhaft und genau arbeiten können. Kannst du das auch?

Aufgabe 1: *In die untenstehenden Sätze haben sich 12 Schreibfehler eingeschlichen. Finde heraus, was nicht stimmt.*

a) *Streiche falsche Wörter durch und schreibe die verbesserten Wörter ans Zeilenende.*

Alex schafte es dann aber doch, ihm eine Information zu entlocken: Die neuen Fußabdrücke stimten mit dem Abdruck im Bikepark überein. Na also! Eilig verabschiedete er sich von seinem Onkel und tromelte aufgeregt die Albdetektive zusamen.	
Alex und Bea waren sofort einferstanden. Bea dachte auch gleich einen Schritt weiter: „Alex, du bist der schnellste Radfahrer von uns dreien. Falls wir den Täter wirklich am Bürgerturm antreffen, ferfolgst du ihn dann mit dem Fahrrad, wenn er die Feranstaltung wieder ferlässt?“	
„Äh“, fur er fort, „aber, aber zum Bürgerturm würde ich in nicht unbedingt mitnemen. Da sind zu viele Leute. Wenn er rumbellt, fallen wir megamäßig auf. Das ist nicht gut.“ Beas Mundwinkel sanken augenblicklich nach unten. Er versuchte es mit einem versönlichen Lächeln, doch Bea lächelte nicht zurück.	

b) *Kontrolliere und vergleiche mit Kapitel 8.*

Aufgabe 2: *Für Profis: Welches Rechtschreibphänomen wurde*

→ *im ersten Absatz nicht beachtet?* ________________________

→ *im zweiten Absatz nicht beachtet?* ________________________

→ *im dritten Absatz nicht beachtet?* ________________________

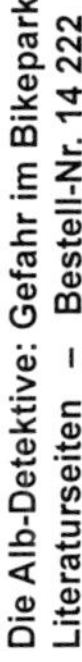

KOHL VERLAG

Kapitel 9: Auf der Lauer

S. 25 – 27

Im 8. und 9. Kapitel erfährst du, wie die ALB-Detektive den vermeintlichen Täter verfolgen.

Aufgabe 1: *Lies den unteren Text und unterstreiche die Plätze und Straßen, auf denen Alex den angeblichen Täter verfolgt.*

Nachdem sie den Verdächtigen entdeckt haben, folgen sie ihm, als er vom Bürgerturm aus die Schweinweiherstraße entlang in Richtung Eiscafe Venezia geht. Nachdem er mit einem großen Spaghetti-Eis in den Händen wieder aus dem Eiscafé rauskommt, geht er zum nächsten Parkplatz und steigt in einen schwarzen Geländewagen. Alex schwingt sich auf sein Rad und verfolgt den Mann. Der Wagen fährt durch mehrere Kreisel auf der Truchtelfinger Straße in Richtung Truchtelfingen. Alex schafft es mit größter Anstrengung, dem Wagen nachzukommen bis nach Tailfingen. Dort fährt der Mann in die Panoramastraße und hält vor einer alten Villa, wo er aussteigt.

Aufgabe 2: *Versuche nun mit Hilfe deiner unterstrichenen Angaben einen Plan zu zeichnen, auf dem Stationen der Verfolgungsjagd zu sehen sind.*

Kapitel 10: Verfolgungsjagd

S. 28 – 29

Aufgabe 1: *Die Kinder machen sich startbereit, um die Verfolgung aufzunehmen. Finde heraus, welches Kind spricht und ergänze die wörtliche Rede mit passenden Redebegleitsätzen.*

Tipp: Der Wortspeicher zum Wortfeld „sagen“ kann dir helfen.

________________: „Habt ihr eure Handys laut gestellt?“

„Wir drücken dir die Daumen!“, ____________________.

________________: „Linus, ich hab ihn!“

„Du Armer“, ________________, „so weit musstest du fahren?“

„Wir sehen uns ja morgen in der Schule“, ______________ „und können da alles besprechen.“

Aufgabe 2: **a)** *Unterstreiche die Redebegleitsätze grün und die wörtliche Rede rot.*

b) *Markiere alle Redebegleitzeichen gelb.*

Aufgabe 3: *Finde weitere Verben aus dem Wortfeld sagen und schreibe sie in den Wortspeicher.*

Tipp: Du kannst auch in den anderen Kapiteln nachlesen.

Wortspeicher zum Wortfeld „sagen“

flüstern bedauern meinen erwidern antworten fragen

erkundigen ____

Die Alb-Detektive: Gefahr im Bikepark
Literaturseiten – Bestell-Nr. 14 222

Kapitel 11: Dackel contra Drohne

S. 30 – 32

Dackel Fridolin und eine Drohne sollen bei der Verfolgung des Drahtfallentäters helfen. Wer kann was?

Aufgabe 1: *Trage unter den Bildern die passenden Sätze ein.*

Dackel Fridolin kann …

Die Drohne kann …

… zeitgleich beobachten und filmen.

… die Spur aufnehmen.

… in begrenzter Reichweite fliegen.

… die Kinder verteidigen.

… Beweismaterial liefern.

… den Täter verfolgen.

Aufgabe 2: *Welche Hilfsmittel stehen den ALB-Detektiven noch zur Verfügung?*

TMSARPOHEN	*MCEWBA*

Kapitel 12: Webcam-Spionage

S. 32 – 34

Linus nimmt die Webcam zu Hilfe.

Aufgabe 1: *Was könnte durch die Webcam sichtbar sein? Lies im Buch nach und male ein Bild anstelle der fehlenden Wörter.*

Der schwarze [ ] des Drahtfallentäters war jedoch nicht zu sehen. Überhaupt war so gut wie nie irgendein [ ] auf dem [ ] zu sehen.

Vielleicht lag es ja auch am Dauer [ ]. Bereits am Freitagnachmittag änderte sich das Bild und der Parkplatz füllte sich mit den [ ] von Bikern.

Am Samstag schien endlich wieder die [ ].

Aufgabe 2: *Als Linus erneut den Liftparkplatz kontrolliert, sieht er die Autokennzeichen unzähliger Besucher. Woher kommen sie?*

D KN	D BL	D BB
______	______	______
D S	D SIG	D TÜ
______	______	______

Aufgabe 3: *Male auf der Baden-Württembergkarte auf S. 11 die Städte, aus denen die Biker kommen, rot an.*

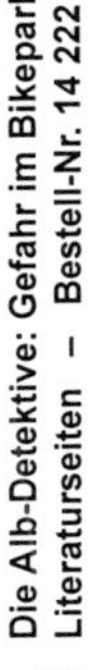

Kapitel 13: Verschwunden

S. 34 – 38

Kennst du dich in Kapitel 13 aus?

Aufgabe 1: *Lies genau und beantworte dann die Fragen in ganzen Sätzen.*

a) Weshalb entdeckte Linus mit seiner Drohne auf dem Hang nur Biker?

____

____

b) Wo entdecken die Kinder den Verdächtigen? Was macht er gerade?

____

____

c) Was macht Bea mit ihrem Dackel Fridolin, damit er die Spur des Täters aufnehmen kann?

____

____

d) In welche Richtung geht der Verdächtige, als sie ihn mit Hilfe der Drohne entdecken?

____

____

e) Weshalb ist Bea am Ende des Kapitels in Tränen aufgelöst?

____

____

Aufgabe 2: *Wie oft kommt das Wort „Fridolin" in Kapitel 13 vor?*

[ ] *Mal*

Die Alb-Detektive: Gefahr im Bikepark
Literaturseiten – Bestell-Nr. 14 222
KOHL VERLAG

Kapitel 14: Der Hund mit den feurigen Augen

S. 38 – 42

Mit Hilfe der Drohne finden die ALB-Detektive den vermeintlichen Täter beim Aussichtsfelsen am Tailfinger Schloss. Die Kinder sind sich jedoch sehr unsicher, ob der Verdächtige wirklich der wahre Täter ist, denn manche seiner Äußerungen sprechen dagegen und manche dafür.

Aufgabe 1: *Male 👍 an, wenn du glaubst er ist der Täter und 👎, wenn du denkst er ist es nicht.*

„Ihr könnt euch zu mir auf die Bank setzen."

Der Mann wirkte nicht böse.

„Keine Sorge, ich beiß´ nicht."

„Die meisten Kerle sind da drüben auf dem Hang."

„Da rasen sie lieber mit dem Rad die Piste runter und machen die schöne Natur zur Sau."

„Der Bikepark ist eine einzige Katastrophe."

„Die meisten Jungs wollen Action. Na ja, solang sie auf der Skipiste bleiben."

„Hauptsache, die wollen nicht mehr Wege durch den Wald bauen."

„Habt ihr das gehört? Da hat einer ´nen Draht im Wald gespannt. Wer sowas macht ist nicht ganz sauber."

„Wenigstens bewegen sich die jungen Leut´ da ein bissle."

Aufgabe 2: *Am Ende des Gesprächs sind Alex und Linus sich einig, dass der Mann*

____.

Wie denkst du darüber?

____.

KOHL VERLAG
Die Alb-Detektive: Gefahr im Bikepark
Literaturseiten – Bestell-Nr. 14 222

Kapitel 15: Anonyme Bedrohung

S. 43 – 46

Aufgabe 1: *Alex macht sich ein Bild vom Übeltäter.*

a) *Finde auf Seite 45 acht Adjektive, die beschreiben wie der Täter aussehen könnte.*

b) *Fertige ein möglichst genaues Bild an.*

Aufgabe 2: *Detektivwissen: Kennst du dich aus? Du kannst dich auf S. 45 informieren.*

Ein Bild, das man von einem Täter erstellt, ohne ihn zu kennen, nennt man

_ _ _ _ _ _ _ _ _ _ _ _ _ _ _.

Einen Brief ohne Unterschrift nennt man _ _ _ _ _ _ _ _.

Wenn Spuren vom Körper eines anderen Menschen zu finden sind, nennt man diese _ _ _ *-Spuren oder*

_ _.

Kapitel 16: Leserbriefe

S. 46 – 48

In Leserbriefen, die in der örtlichen Zeitung abgedruckt werden, bringen Menschen ihre Meinung zum Bikepark zum Ausdruck.

Aufgabe 1: *Unterstreiche jeweils die Sätze, in denen die Meinung des Schreibers zum Bikepark deutlich wird.*

Aufgabe 2:

Betreff: Bikepark **Lebensgefahr für Wanderer** Unsere wunderbare Natur rund um Albstadt wird zunehmend von Radfahrern in Beschlag genommen. Das Errichten von Downhill-Wegen mit ihrem ganzen Zubehör ist ein aggressiver Eingriff und verschandelt die Natur. Als ich auf einer Wanderung einen Downhillpfad queren wollte, wurde ich übel von einem Raser beschimpft. Man sollte diese Zerstörung der Natur unbedingt verbieten. *(Alfred Kobler, Albstadt)*	*Betreff: Bikepark – Lebensgefahr für Wanderer* *Zum gestrigen Leserbrief von Hr. Kobler möchte ich sagen, dass ich die Natur auf der Schwäbischen Alb sehr schön finde. Das tun auch alle meine Freunde. Genauso schön finden wir auch die Downhillstrecken und den ganzen Bikepark. Wir fahren nur dort. Niemals würden wir quer durch die Landschaft fahren. Wenn die Wanderer auf ihren Wanderwegen bleiben, kann jeder machen, was ihm gefällt und niemand ist in Gefahr.* *Tom Mauthe, 13 J.*

Betreff: Bikepark

Seit Eröffnung des Bikeparks vor vier Jahren und der Erweiterung und dem Bau mehrerer Strecken nehmen die Besucherzahlen jedes Jahr deutlich zu. Die Parkmöglichkeiten reichen dennoch aus, da viele Jugendliche aus der Stadt direkt mit ihrem Bike hierher kommen, um sich im Bikepark aufzuhalten. Bei genauerem Hinsehen stellt man zudem fest, dass sich die jungen Leute ordentlich benehmen. Es gibt viel weniger Lärm und Verkehr als in den Jahren davor, als noch ein Skilift an demselben Hang betrieben wurde. Außerdem hinterlassen sie weniger Müll als früher die Skifahrer. Man sollte den Bikern diesen Bereich lassen. Allerdings muss darauf geachtet werden, dass keine weiteren Waldflächen dazu genommen werden. Unser Wald muss erhalten bleiben.

Georg Bitzer, Anwohner

Schreibe nun selbst einen Leserbrief, in welchem du deutlich deine Meinung zum Bikepark zum Ausdruck bringst.

Kapitel 17: Tarnung

S. 49 – 50

Die ALB – Detektive sind gut getarnt wieder auf Verfolgungsjagd.

Aufgabe 1: *Was stimmt? Vergleiche den Text mit Kapitel 17 (S. 49-50). Streiche die falschen fett gedruckten Wörter durch und trage die Lösungsbuchstaben unten ein. So erhältst du einen wichtigen Hinweis auf den Täter.*

Die drei ALB-Detektive fuhren am **nächsten Vormittag (B) / Nachmittag (D)** in der Rabengasse, die in einem **ruhigen (R) / lauten (I)** Wohngebiet lag, mit ihren Inlinern auf und ab. Bei dem sonnigen Wetter spielten viele Kinder **draußen (A) / drinnen (K)** und somit war der Inlinesport eine gute Tarnung. Wenn man es genau nahm, fuhren allerdings nur Alex und Bea **ab und auf (A) / auf und ab (H)**. Linus hangelte sich **dafür (M) / dagegen (T)** von einer Straßenlaterne zum nächsten **Gartentor (E) / Gartenzaun (F)** und von dort aus erneut zur nächsten Straßenlaterne. Auf so eine blöde Idee konnte auch nur ein **Junge (L) / Mädchen (A)** kommen! Für Linus fühlte sich das an, als würde er sich auf Eiern statt auf **Rädern (L) / Reifen (U)** fortbewegen. Und weder X-Beine noch seine **breit (N) / weit (L)** ausgestreckten Arme konnten ihm zu mehr Stabilität verhelfen. Immerhin **taten (E) / traten (N)** Bea und Alex so, als sei es völlig **unnormal (A) / normal (N)**, dass Linus jede Laterne dieser Straße persönlich mit einer Umarmung begrüßen musste. Sie wagten es nicht einmal, ihre Mundwinkel **jucken (S) / zucken (T)** zu lassen, geschweige denn zu lachen. Sie wussten genau, dass so ein **Lacher (Ä) / Kracher (N)** dazu führen konnte, einen solchen Stoß zu erhalten, dass sie selbst in einer **Ecke (A) / Hecke (T)** landeten. So **unauffällig (E) / auffällig (S)** wie das mit dem herumstolpernden Linus möglich war, behielten sie das Haus Nummer 23 im Blick. **Im Haus (R) / In der Garage (U)** brannte Licht.

Lösungswort: _ _ _ _ _ _ _ _ _ _ _ _ _ _ _ _

Aufgabe 2: *Im zweiten Absatz auf Seite 49 wird Herr Kobler beschrieben. Zeichne ihn so genau wie möglich.*

KOHL VERLAG
Die Alb-Detektive: Gefahr im Bikepark
Literaturseiten – Bestell-Nr. 14 222

Kapitel 18: Mörderjagd bei Nacht

S. 50 – 52

Sie planen einen Einsatz bei Nacht. Allerdings braucht es dafür eine genaue Besprechung.

Aufgabe 1: **a)** *Zerlege die Wörterschlangen und setze Trennstriche zwischen die Wörter.*

b) *Welche Sätze treffen zu? Kreuze an.*

☐ ALEXUNDBEAHOLPERTENAUFIHRENINLINERNÜBERDENRASEN.

☐ ALEXUNDBEASTOLPERTENAUFIHRENINLINERNÜBERDENRASEN.

☐ ACHTLOSSCHMISSLINUSSEINEINLINERINSGRAS.

☐ ACHTLOSSCHMISSLINUSMEINEINLINERINSGRAS.

☐ DIEDREIFREUNDEÜBERLEGTENZURPOLIZEIZUSTEHEN.

☐ DIEDREIFREUNDEÜBERLEGTENZURPOLIZEIZUGEHEN.

☐ DOCHZULETZTWOLLTENSIEDENTÄTERAUFFRISCHERTATERTAPPEN.

☐ DOCHZUERSTWOLLTENSIEDENTÄTERAUFFRISCHERTATERTAPPEN.

☐ INDERNACHTWOLLENSIEIHMAUFLAUERN.

☐ INDERNACHTWOLLENWIEIHMAUFLAUERN.

☐ BEADARFFRIDOLINAUCHNICHTMITNEHMEN.

☐ BEADARFFRIDOLINAUCHMITNEHMEN.

☐ SIESPENDIERTEDENBEIDENJUNGSEINENSCHARFENKAUGUMMI.

☐ SIESPENDIERTEDENBEIDENJUNGSEINENSCHLAFFENKAUGUMMI.

☐ DIEJUNGSVERBOGENAUGENBLICKLICHDASGESICHT.

☐ DIEJUNGSVERZOGENAUGENBLICKLICHDASGESICHT.

☐ BEARINGELTESICHVORLACHEN.

☐ BEAKRINGELTESICHVORLACHEN.

KOHL VERLAG
Die Alb-Detektive: Gefahr im Bikepark
Literaturseiten – Bestell-Nr. 14 222

Kapitel 19: Mit Sack und Pack

S. 53 – 55

Aufgabe 1: *In Kapitel 19 träumt Bea von einer spannenden und gefährlichen Jagd nach dem Täter. Male eine Szene aus ihrem Traum.*

Aufgabe 2: *Wie könnte der Traum weitergehen? Schreibe deine Idee auf.*

Mit Karacho raste sie auf die Rampe, riss ihr Rad hoch und flog weit hinaus in die Luft …

Kapitel 20: Nachtsicht

S. 55 – 57

Aufgabe 1: Was ist denn hier passiert? Einige Buchstaben sind in der Dunkelheit verschwunden. Findest du heraus, welche Wörter hier stehen?

a) Lies in Kapitel 20 nach und vervollständige die Wörter.

Ü b __ __ __ __ c h __ __ __ __ __ g e __ __ __ __

__ i __ __ __ __ c k

__ u f t __ __ __ __ __ __ z e

__ __ __ __ p l a __ __

D __ __ k e l __ __ __ t

__ a __ i __ c h __ __ __ __ u

F __ __ __ g __ ä __ __ __

__ a c h t __ __ __ __ __ __ __ __ __ __

__ i n __ __ e r __ i s

U __ __ __ s s __

__ __ __ __ __ h e i t

W __ __ __ t

S __ __ __ __ __ __ __ h r

b) *Wähle mindestens vier Wörter aus und schreibe jeweils einen eigenen Satz, der zur Geschichte passt.*

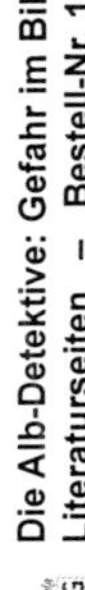

Kapitel 21: Zitterpartie

S. 57 – 58

Die Detektive sind nachts im Einsatz. Das ist aufregend.

Aufgabe 1: *Dabei sind einige Wörter durcheinander gekommen. Vergleiche mit Kapitel 21 (S. 57 – 58). Streiche die falschen Wörter durch und schreibe die richtigen aus dem Buch darüber.*

Jetzt warteten sie schon seit einer Stunde und es war ~~dunkler~~ kälter als gedacht. Hätte er nur die dickere Jacke angezogen! Linus verdrängte eilig die Sehnsucht nach seiner warmen Bettdecke. Sogar Fridolin zitterte inzwischen. Wenn Bea aufgeregt war, übertrug sich das sofort auf den Dackel. Er witterte Gefahr. Zudem war Fridolin zwar an und für sich ein recht ängstlicher Hund, aber in der Dunkelheit war er stets sicher und mutig. Deshalb redete Bea fortwährend beruhigend auf ihn ein, streichelte ihn und wärmte dabei auch gleichzeitig ihre eisigen Finger in seinem kuscheligen Fell.

Aufgabe 2: *Um welche Wortart handelt es sich bei den durchgestrichenen Wörtern?*

____

Aufgabe 3: *Adjektive kann man steigern. Vervollständige die Tabelle.*

Grundstufe	1. Vergleichsstufe	1. Vergleichsstufe
kalt		
	wärmer	
		am schnellsten
kuschelig		
	angespannter	
		am mutigsten
unsicher		
	kälter	

Kapitel 22: Im dunklen Wald

S. 58 – 61

Die ALB-Detektive sind dem Täter in der Nacht auf den Fersen.

Aufgabe 1: **a)** *Welche Sätze treffen zu? Kreise ein.*

b) *Trage die Buchstaben der Reihe nach unten ein.*

E	Fridolin hatte keine Lust auf diese Nachtwanderung.
B	Im Ernstfall würde er vermutlich davonrennen und Bea nicht verteidigen.
F	Der Verdächtige hatte einen großen Rucksack dabei.
L	Die drei Kinder folgten ihm mit genügend Abstand, um nicht gehört zu werden.
E	Linus fand den dunklen Wald unheimlich und fühlte sich unwohl.
S	Für den Notfall hatte Bea ein Handy in ihrer Jackentasche.
A	Plötzlich entdeckten sie Kobler. Er zog etwas Glänzendes aus seiner Jackentasche.
W	Linus erkannte es als erstes: „Das ist eine Rolle Draht!“
P	Wie vereinbart ließ Linus es vier Mal bei Alex klingeln, damit dieser die Polizei benachrichtigte.
N	Vor lauter Aufregung begann Fridolin zu bellen, stürzte sich auf Kobler und packte ihn an seiner Hose.
E	Linus und Bea nutzten die Chance und rannten so schnell sie konnten den Waldweg zurück.
K	Der Dackel Fridolin sprang bald neben ihnen her. Zu Linus großer Erleichterung schien er unverletzt zu sein.
S	Nun warteten die beiden hinter einem großen Busch auf die Polizei.

c) *Lies das Wort nun von hinten nach vorne und schreibe es auf. So erfährst du, was die Kinder bald darauf in der Dunkelheit sehen:*

R __ __ R __ __ __ I __ H C __ = ________________________________

Kapitel 23: Gerechtigkeit

S. 62 – 66

Wie geht die Verfolgungsjagd zu Ende?

Aufgabe 1: *Vergleiche mit Kapitel 23. Kreuze zu jedem Satzanfang das richtige Satzende an. Trage die jeweiligen Buchstaben unten ein.*

Zwei Polizisten in Uniform …

stiegen aus dem Wagen und kamen auf Linus und Alex zu. (P)
stiegen auf den Wagen und kamen auf Linus und Bea zu. (H)
stiegen aus dem Wagen und kamen auf Linus und Bea zu. (T)

Die Polizisten schlichen …

bei Weitem nicht so wie sie selbst leise durch den Wald. (O)
bei Weitem so nicht wie sie selbst durch den Wald. (U)
bei Weitem nicht so leise wie sie selbst durch den Wald. (Ä)

Der große Polizist schnappte sich mit einem Handgriff Koblers Rucksack und …

sagte: „Dürfen wir mal einen Ruck in Ihren Blicksack werfen?“ (L)
sagte: „Dürfen wir mal einen Blick in Ihren Rucksack werfen?“ (T)
fragte: „Dürfen wir mal einen Blick in Ihren Rucksack werfen?“ (N)

Bea und Linus freuten sich über das Interesse …

der Polizisten und erzählten ihnen abwechselnd von ihren Ermittlungen. (I)
des Polizisten und erzählten ihm abwechselnd von ihren Ermittlungen. (E)
des Polizisten und erzählten ihnen abwechselnd von ihrer Ermittlung. (D)

Alex wollte alles, …

was in der Nacht passiert war, haarklein von den beiden erfahren. (Z)
das in dieser Nacht passiert war, haarklein von den beiden erfahren. (E)
was in dieser Nacht passiert war, haarklein von den beiden erfahren. (R)

Lösungswort: | | | | | | gefasst!

Kapitel 24: Weltcup

S. 67 – 69

Am nächsten Tag stehen die ALB–Detektive an der Rennstrecke im Bullentäle und feuern gemeinsam mit tausenden von Zuschauern die Radfahrer an. Die Stimmung ist einfach gigantisch.

Aufgabe 1: *Was könnten die Zuschauer den Fahrern zujubeln? Schreibe es in die Sprechblasen.*

Aufgabe 2: *Bea, Linus und Alex haben noch einen wichtigen Termin vor sich. Eine Reporterin der Kinderzeitung möchte über ihre erfolgreiche Jagd nach dem Drahtfallentäter berichten.*

Folgende Fragen sollen in ihrem Bericht beantwortet werden:

Wer? (blau) Wann? (grün) Wo? (gelb)

Wie/Was? (rot) Welche Folgen? (braun)

Kapitel 24: Weltcup

S. 62 – 66

Aufgabe 2: **a)** *Unterstreiche die Antworten auf die Fragen in der entsprechenden Farbe.*

- Linus lässt es auf Alex Handy klingeln - Kobler geht durch den Wald die Rennstrecke bergauf - ein Auto biegt auf den Parkplatz - die Kinder folgen Kobler mit ausreichend Abstand - der Verdächtige zieht eine Rolle Draht aus seinem Rucksack - Linus, Bea, Alex, Dackel Fridolin - Linus, Bea und Fridolin legen sich bei Einbruch der Dunkelheit auf die Lauer - in der Nacht vor der WM - Alex informiert die Polizei - Polizei nimmt den Täter fest - Kobler steigt aus dem Auto - im Wald auf der WM Strecke im Bullentäle

b) *Ordne die Stichpunkte den jeweiligen Fragen zu. Achte dabei auf die richtige Reihenfolge.*

Wer war beteiligt?

____

Wann ist es passiert?

____

Wo ist es passiert?

____

Wie ist es abgelaufen? Was ist vorgefallen?

____

____

____

____

____

Welche Folgen gibt es?

____

c) *Schreibe nun mit Hilfe der Stichpunkte einen Bericht für die Zeitung.*

Einen Bericht schreibt man in der Vergangenheit.
Bsp.: Die Kinder **folgten** dem Täter.

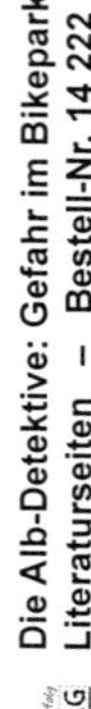

Die Alb-Detektive: Gefahr im Bikepark
Literaturseiten – Bestell-Nr. 14 222

Nach der Lektüre – Deine Meinung zum Buch

Nun hast du das Buch *„Die Alb-Detektive - Gefahrenzone Bikepark“* gelesen.

Aufgabe 1: *Wie ist deine Meinung dazu? Vervollständige die Sätze.*

Mir hat das Buch …

____

____.

Am spannendsten fand ich die Stelle, als …

____

____.

Lachen musste ich, …

____

____

____.

Am besten gefallen hat mir … (Begründe!)

____

____

____.

Beliebteste/Unbeliebteste Figuren:

Diese Figur mochte ich am liebsten: ______________________

______________ mochte ich nicht, weil

____

____.

Ich würde das Buch weiterempfehlen/nicht empfehlen, weil …

____

____.

Nach der Lektüre – Ein neuer Fall für die ALB-Detektive

Welche Abenteuer könntest du dir noch vorstellen?

Aufgabe 2: *Erfinde einen neuen Fall für die ALB-Detektive.*

a) *Überlege dir zuerst ein Grundgerüst für deine Geschichte, indem du die nachfolgenden Fragen beantwortest.*

Wer kommt in deiner Geschichte vor? (Hauptpersonen)

____.

Wo und wann spielt die Geschichte? (Ort/Zeit)

____.

Worum geht es in der Geschichte? (Schreibe in Stichpunkten, welchen Fall die ALB-Detektive lösen müssen und wie sie es schaffen.)

____

____

____.

Wie endet deine Geschichte? Finde einen passenden Schluss.

____

____

____.

b) *Schreibe nun deine Detektivgeschichte auf und gestalte anschließend ein passendes Titelbild mit Buchtitel.*
Beachte folgende Tipps:

1. Deine Geschichte hat eine Einleitung, einen Hauptteil und einen Schluss.
2. Im Hauptteil passiert das Wichtigste: Die Detektive ermitteln.
3. Der Hauptteil ist am längsten und spannendsten.
4. Verwende passende Adjektive (Eigenschaftswörter).
5. Lass die Personen sprechen (Wörtliche Rede).
6. Suche verschiedene Satzanfänge.

Die ALB-Detektive

geschrieben

von ______________

Nach der Lektüre – Kreuzworträtsel

Was erleben die ALB-Detektive bei ihrer Verfolgungsjagd mehrmals?
Das Lösungswort verrät es dir.

Aufgabe 1: *Trage die Lösungen in die jeweiligen Kästchen ein.*

1. Wie heißen die drei ALB-Detektive? Alex, _______ und Bea.
2. Welches der Kinder fährt zu Beginn der Geschichte im Bikepark?
3. In welcher Straße wohnt Herr Kobler? ___________straße. (Tipp Kap. 10)
4. Als was wird Herr Kobler im Buch noch bezeichnet? ___________täter
5. Mit welchem elektrischen Gerät verfolgen die Detektive den Täter?
6. Zu welcher Hunderasse gehört Fridolin?
7. Mit wem haben die Detektive nach dem Weltcup einen Termin?
8. Wo findet der Bike Marathon statt?
9. Was steht auf den Schildern, die der Gemeinderat aufstellen möchte? Gemeinsam mit _______
10. Wie heißt der Junge, dem Bea versehentlich zuwinkt?

1.

2.

3.

4.

5.

6.

7.

8.

9.

10.

Das Lösungswort lautet:

			V						Z		
1	2	3		4	5	6	7	8		9	10

Die Alb-Detektive: Gefahr im Bikepark
Literaturseiten – Bestell-Nr. 14 222
KOHL VERLAG

Spiel: Dem Täter auf der Spur (für max. 4 Mitspieler)

Tipp: Den Spielplan auf DIN A3 vergrößern und Ereignis-/Fragekarten auf verschieden farbiges Papier kopieren

1. Spielvorbereitung

- Schneidet die Spielkarten (Bikepark - Stoppt den Bikepark – Fragekarten – Ereigniskarten) aus.
- Legt die Ereignis- und Frage- Karten jeweils auf einen Stapel auf den Spielplan. Die anderen Karten stapelt ihr neben dem Spielplan.
- Ihr braucht einen Würfel und für jeden Mitspieler eine Spielfigur.

2. Spielregeln

- Würfelt reihum. Der jüngste Mitspieler beginnt.
- Kommst du auf ein Fragefeld, ziehst du eine Fragekarte. Ein Mitspieler liest dir die Frage vor und vergleicht deine Antwort mit der angegebenen Lösung.
- Antwortest du richtig, darfst du eine Bikepark-Karte nehmen und sie auf das Bikepark-Feld legen.
- Weißt du die Antwort nicht, musst du eine „Stoppt den Bikepark-Karte" auf das Spielfeld legen.
- Kommst du auf ein Ereignisfeld, erwartet dich eine Ereigniskarte. „Ein Punkt für den Bikepark" bedeutet eine Karte für das passende Feld. Ein Punkt für „Stoppt den Bikepark" lässt den anderen Stapel wachsen.
- Wenn alle Fragen beantwortet sind oder ein Mitspieler an seinen Ausgangspunkt zurückgekehrt ist, entscheidet sich, ob ihr den Übeltäter geschnappt habt.
- Zählt ihr mehr „Bikepark-Karten" als „Stoppt den Bikepark", habt ihr es geschafft und den Übeltäter geschnappt!

Bikepark	Bikepark	Bikepark	Bikepark	Bikepark	Bikepark
Bikepark	Bikepark	Bikepark	Bikepark	Bikepark	Bikepark
Bikepark	Bikepark	Bikepark	Bikepark	Bikepark	Bikepark
Bikepark	Bikepark	Bikepark	Bikepark	Bikepark	Bikepark

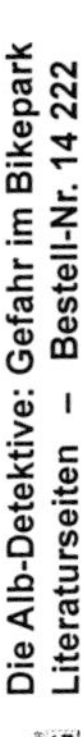

Spiel: Dem Täter auf der Spur – Fragekarten

Was hat der unbekannte Täter im Bikepark gefährliches gemacht?	Nenne vier Dinge, mit denen sich Mountainbiker schützen sollten.	Was hatten die ALB-Detektive über den Drahtfallentäter am Anfang herausgefunden?
Der Täter hat Drähte über die Downhill-Strecke gespannt.	**Protektoren, Schutzbrille, Helm, Knieschoner, Ellenbogenschützer**	**Es gab: einen Fußabdruck, Draht und ein Schild.**
Welche Hilfsmittel haben die ALB-Detektive, um den Täter zu verfolgen?	Was entdecken die ALB-Detektive bei der Mountainbike-WM zum zweiten Mal?	Weshalb entdeckte Linus mit seiner Drohne auf dem Hang im Bikepark nur Biker?
Smartphone, Webcam, Rennrad, Drohne, Dackel Fridolin	**Fußabdrücke von sehr großen Schuhen.**	**Das Betreten des Hangs war verboten.**
Was macht Bea, damit ihr Dackel Fridolin die Spur des Täters aufnehmen kann?	Wie nennt man ein Bild, das man von einem Täter erstellt, ohne ihn zu kennen?	Wie nennt man einen Brief, der keine Unterschrift hat?
Sie lässt ihn am Auto des Täters riechen.	**Phantombild**	**Es ist ein anonymer Brief.**
Was will der anonyme Briefschreiber mit seinem Brief erreichen?	Welches Hilfsmittel haben die ALB-Detektive, um den vermeintlichen Täter in der Nacht zu verfolgen?	Was macht der Täter in der Nacht im Bikepark?
Er will, dass man die Mountainbike-WM absagt, da sonst ein weiteres Unglück passieren soll.	**Sie haben ein Nachtsicht-Fernglas.**	**Er spannt erneut einen Draht über die Strecke.**
Wer ist der Täter?	Wer von den Detektiven hat den Täter im Wald entdeckt und schließlich überführt?	Wer von den Detektiven hat von zu Hause aus die Polizei verständigt?
Er heißt Alfred Kobler. Er hat die Drähte gespannt und die Leserbriefe geschrie-ben.	**Linus, Bea und Dackel Fridolin**	**Das war Alex.**

Spiel: Dem Täter auf der Spur – Ereigniskarten

Du kennst dich bei den Hilfsmitteln, die Detektive benützen, sehr gut aus.	Du kannst sehr gut beobachten, was ein Detektiv sehr gut können muss.	Bevor du jemanden einfach so verdächtigst, sammelst du mehrere Beweise.
Rücke drei Felder vor.	**Rücke drei Felder vor.**	**Lege eine Bikepark-Karte auf den Spielplan.**
Du bist gut in Form und kannst einen Täter notfalls mit deinem Rad verfolgen.	Du schützt dich gut, wenn du mit deinem Bike unterwegs bist.	Du kannst mit deinem Bike gut bremsen und balancieren.
Lege eine Bikepark-Karte auf den Spielplan.	**Lege eine Bikepark-Karte auf den Spielplan.**	**Rücke drei Felder vor.**
Du warst bei der Verfolgung des Täters sehr unvorsichtig.	Du hast der Polizei verschwiegen, was du über den Täter weißt.	Du lässt im Bikepark niemals Müll liegen.
Lege eine ~~Bikepark~~ **Karte ab.**	**Setze einmal aus.**	**Würfle noch einmal.**
Du hast alles, was du zur Verfolgung des Täters gebraucht hättest, zu Hause vergessen.	Du hast ganz alleine die Verfolgung des vermeintlichen Täters aufgenommen, ohne jemandem Bescheid zu sagen.	Als es bei der Verfolgung für dich zu gefährlich wurde, hast du umgedreht und bist nach Hause gefahren.
Lege eine ~~Bikepark~~ **Karte ab.**	**Setze einmal aus.**	**Würfle noch einmal.**
Bei der Beobachtung des Täters störst du die Tiere im Wald mit deiner Drohne.	Bei der Verfolgung des Täters mit euren Bikes habt ihr einen Spaziergänger vom Weg abgedrängt.	Mit deinen Freunden beachtest du die Regeln des Bikeparks genau.
Lege eine ~~Bikepark~~ **Karte ab.**	**Setze einmal aus.**	**Würfle noch einmal.**

Spielplan: Dem Täter auf der Spur

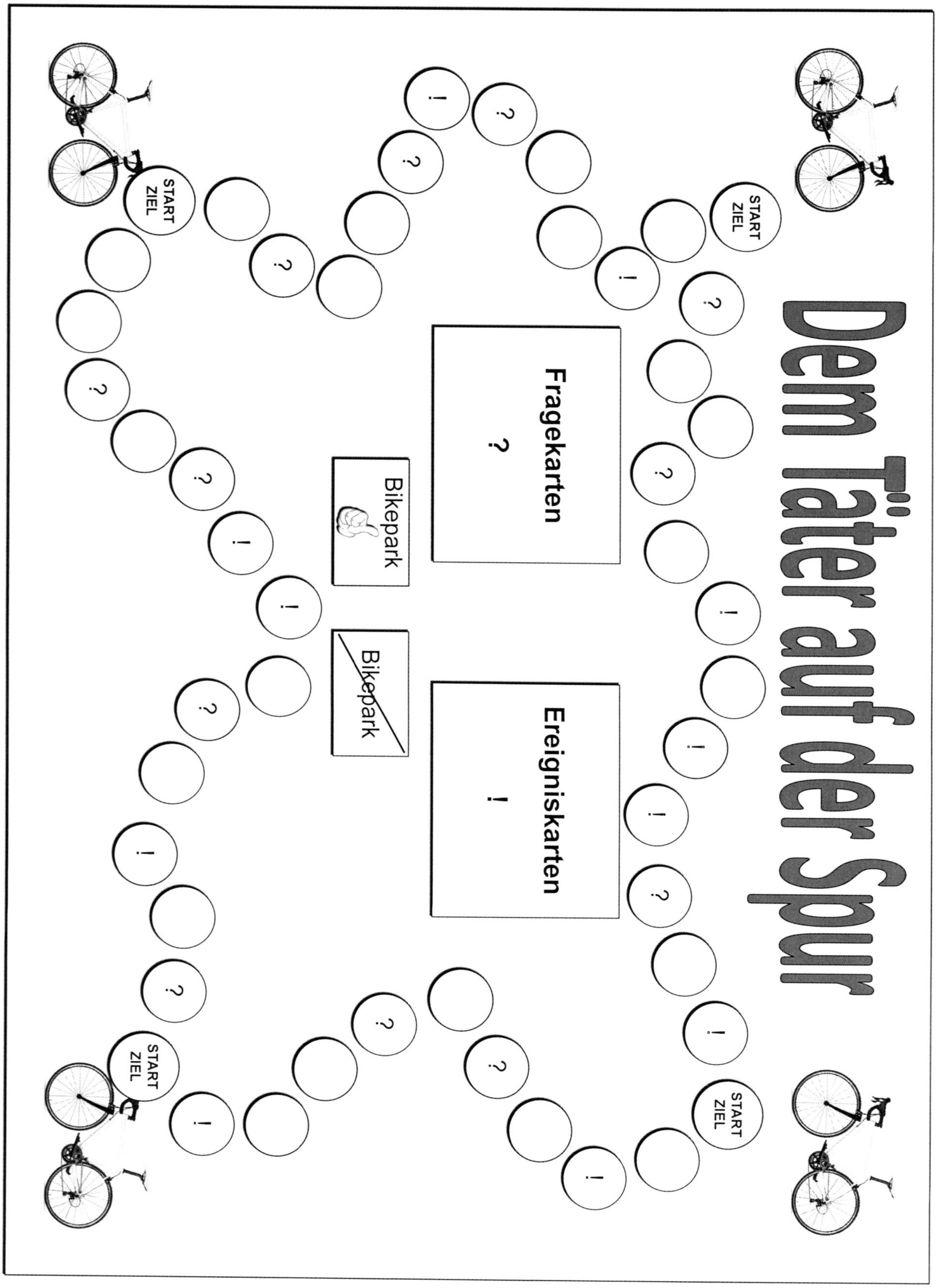

Dem Täter auf der Spur

START ZIEL

START ZIEL

START ZIEL

START ZIEL

Fragekarten ?

Ereigniskarten !

Bikepark

Bikepark

Begleitend zur Lektüre – Leserätsel

Buchstabensalat

Wie oft findest du das Wort Fahrrad im Buchstabensalat? Kreise ein und zähle.

F	A	R	G	H	R	A	D	F	E	F	U	I	J	K	D	R	G	G	H	R	F	A
A	A	H	R	D	B	S	E	F	D	R	A	B	N	F	C	V	N	F	H	N	M	E
U	I	H	F	F	N	N	V	A	D	T	H	H	D	A	F	N	D	A	E	P	N	L
R	T	B	R	R	D	S	A	H	C	V	R	T	R	H	Z	U	N	H	J	K	L	P
L	J	N	B	R	V	C	D	R	E	R	T	Z	U	R	C	N	U	R	I	K	O	L
P	E	T	R	A	A	D	U	R	Z	E	E	V	B	R	A	N	U	R	A	L	N	M
J	U	E	F	L	O	D	E	A	V	V	E	R	G	A	I	D	B	A	R	E	C	N
L	R	T	A	V	B	E	E	D	G	T	A	S	W	D	V	Z	E	D	B	N	X	E
T	F	A	H	R	R	A	D	F	A	R	A	D	F	E	W	T	Z	F	Z	I	O	P
D	R	U	R	H	N	C	H	R	I	S	T	I	A	N	E	I	F	L	E	B	E	K
C	E	R	R	A	P	G	F	E	F	A	L	A	H	F	A	H	A	R	T	A	D	F
H	B	I	A	D	F	K	A	E	P	A	R	D	R	B	I	K	H	E	T	F	A	I
E	G	A	D	U	I	L	H	A	B	E	H	F	R	R	A	D	R	U	L	R	S	R
Z	P	A	R	S	S	R	R	T	F	A	H	R	R	T	U	P	R	H	U	K	O	L
J	E	F	A	H	T	R	R	A	T	T	F	A	R	T	T	R	A	U	T	A	L	O
O	J	I	R	A	E	D	A	B	I	L	E	F	A	A	H	H	D	D	R	D	A	K
K	R	L	W	B	R	E	D	I	S	E	L	P	D	Ü	D	L	Q	C	X	R	B	R
S	N	D	B	R	T	Z	N	E	F	A	H	R	R	A	D	D	A	R	F	A	G	R

Stolperwörter

In jeder Zeile gibt es ein Wort zu viel. Streiche es durch.

a) Bea spielt mit ihrem Hund lieb im Garten.

b) Die drei Freunde treffen gerne sich gerne zum Spielen.

c) Fridolin freut sich über unter eine leckere Wurst.

d) Linus und Alex sitzen im zusammen im Garten.

e) Fahrrad fahren macht fahren Spaß.

f) Bea, Linus und Alex sind gute Freunde fröhlich.

g) Es gibt bleibt verschiedene Hunderassen.

h) Fridolin ist ein sehr Dackel.

Die Alb-Detektive: Gefahr im Bikepark
Literaturseiten – Bestell-Nr. 14 222

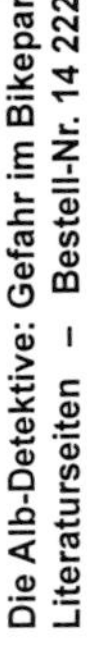

Begleitend zur Lektüre – Leserätsel

Logical 1

Lies genau. Schreibe zu jedem Fahrrad, welchem Kind es gehört, male es richtig an und zeichne fehlende Teile dazu.

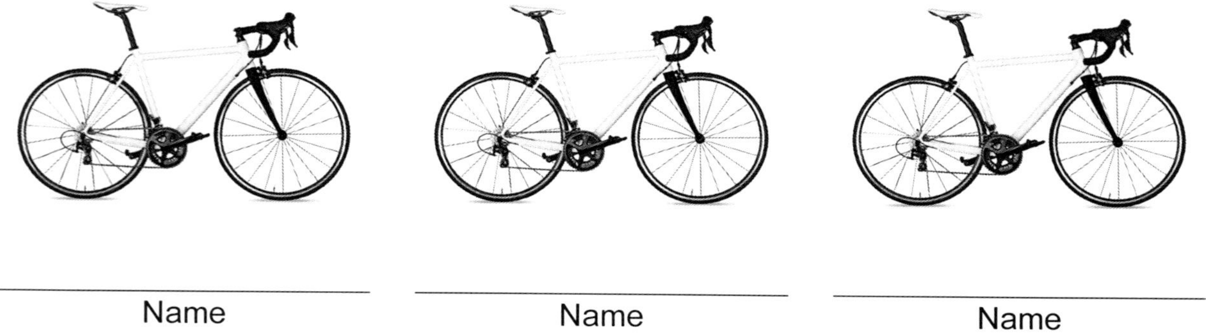

Name | Name | Name

1. Das Fahrrad links neben Beas Rad gehört Linus.
2. Linus Fahrrad hat eine blaue Klingel.
3. Die Klingel an Alex Rad ist gelb.
4. Links neben dem Fahrrad mit der gelben Klingel steht Beas Fahrrad.
5. Das Fahrrad in der Mitte hat eine rote Klingel.
6. Der Rahmen des rechten Fahrrads ist grün.
7. Beas Fahrrad steht nicht rechts außen.
8. Auf der linken Seite steht ein rotes Fahrrad.
9. Rechts neben dem roten Fahrrad steht ein gelbes.
10. Alle Fahrräder haben je Reifen zwei gelbe Katzenaugen.

Logical 2

Lies genau. Schreibe zu jedem Helm welchem Kind er gehört, male ihn richtig an und zeichne fehlende Teile dazu.

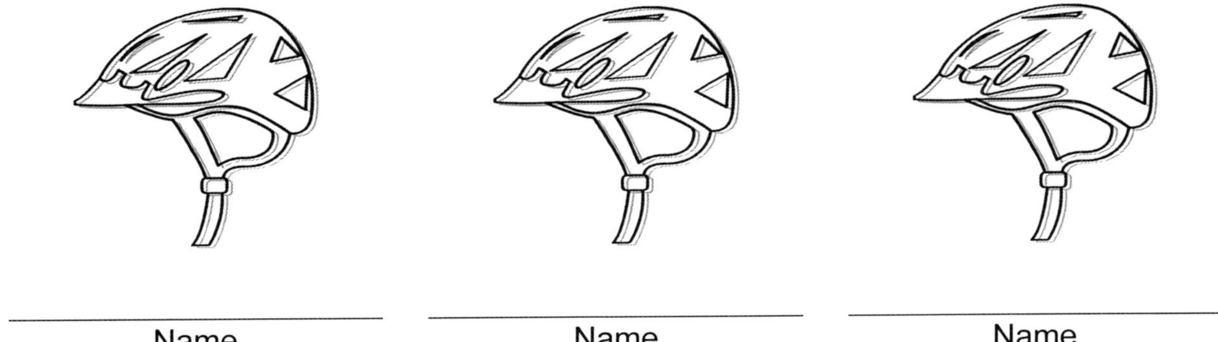

Name | Name | Name

1. Bea trägt einen schwarzen Helm mit blauen Streifen.
2. Der rechte Helm hat einen gelben Verschluss.
3. Der grüne Helm mit einem gelben Blitz liegt ganz auf der linken Seite.
4. Links neben dem schwarzen Helm mit blauen Streifen liegt ein blauer Helm mit schwarzen Punkten.
5. Alex Lieblingsfarbe ist grün.
6. Der Helm rechts neben dem blauen Helm gehört dem einzigen Mädchen.
7. Zu den schwarzen Punkten auf seinem Helm hat Linus noch einen Aufkleber mit dem Schriftzug „Cool“ geklebt.
8. Neben Beas Helm liegt ein Helm mit schwarzem Verschluss.
9. Alex´ Helm hat einen grünen Verschluss.

KOHL VERLAG Die Alb-Detektive: Gefahr im Bikepark Literaturseiten – Bestell-Nr. 14 222

Begleitend zur Lektüre – Leserätsel

Labyrinth

1. Welchen Weg muss Dackel Fridolin gehen, um zu Bea zu gelangen?
   Zeichne den Weg rot ein.

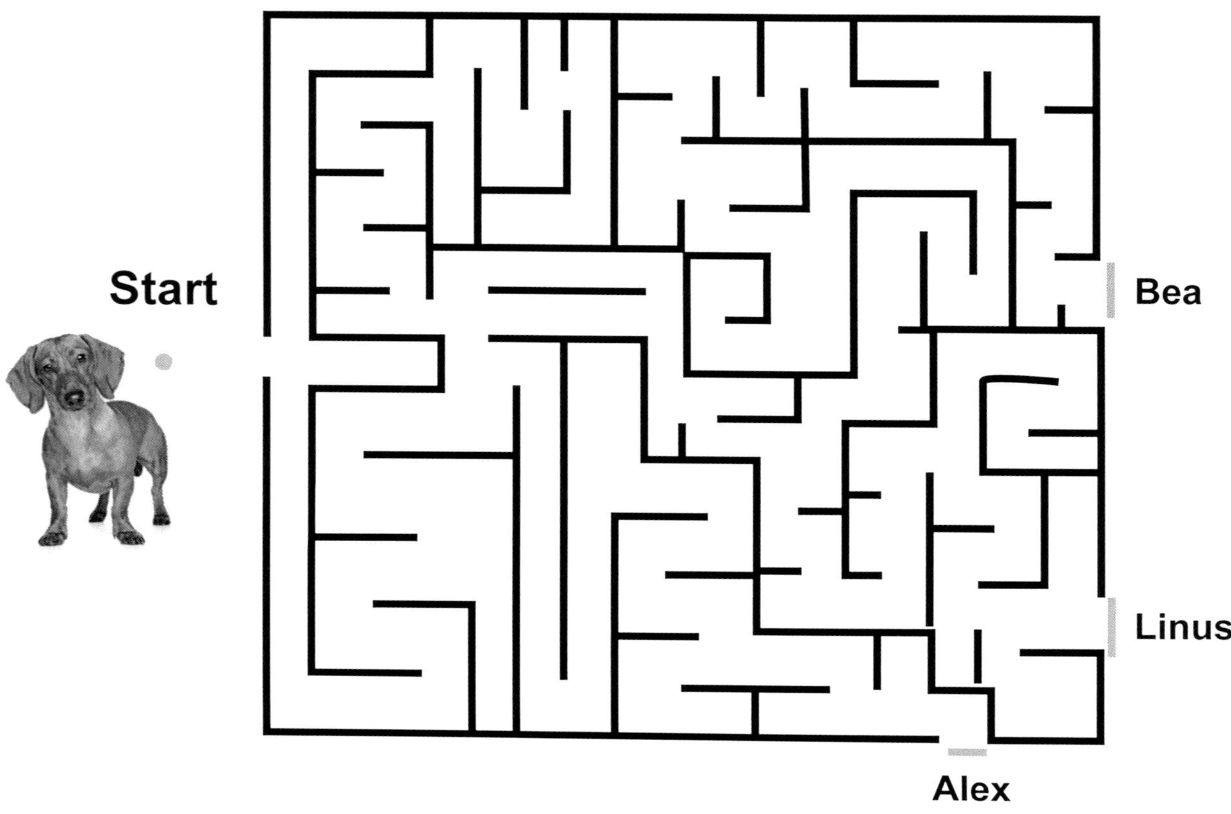

2. Zeige Fridolin den Weg zu seiner leckeren Belohnung.

Ausmalbilder (Auf DIN A3 vergrößern)

Male den Helm und Dackel so an, wie es dir gefällt.

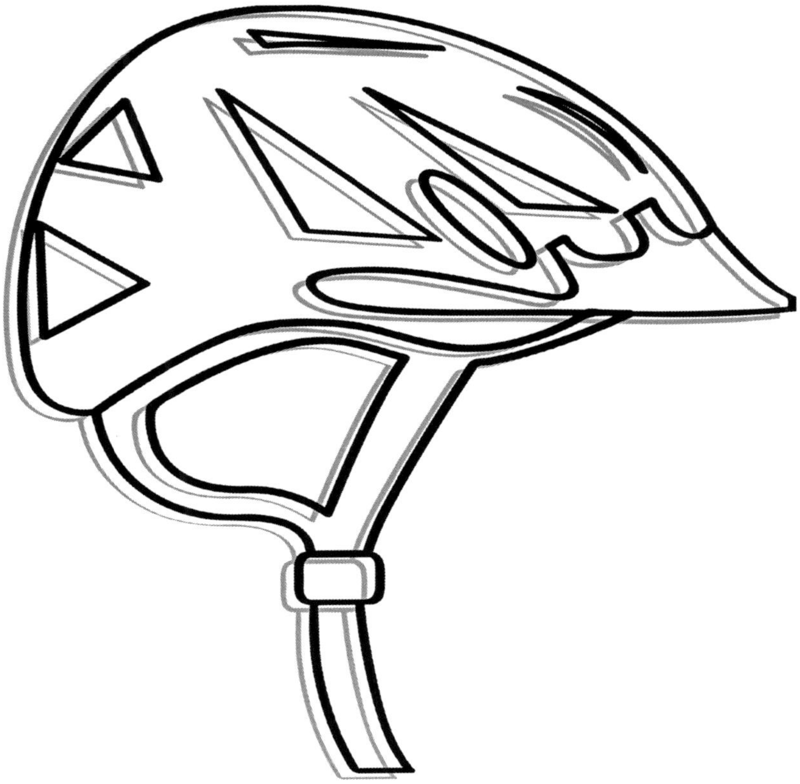

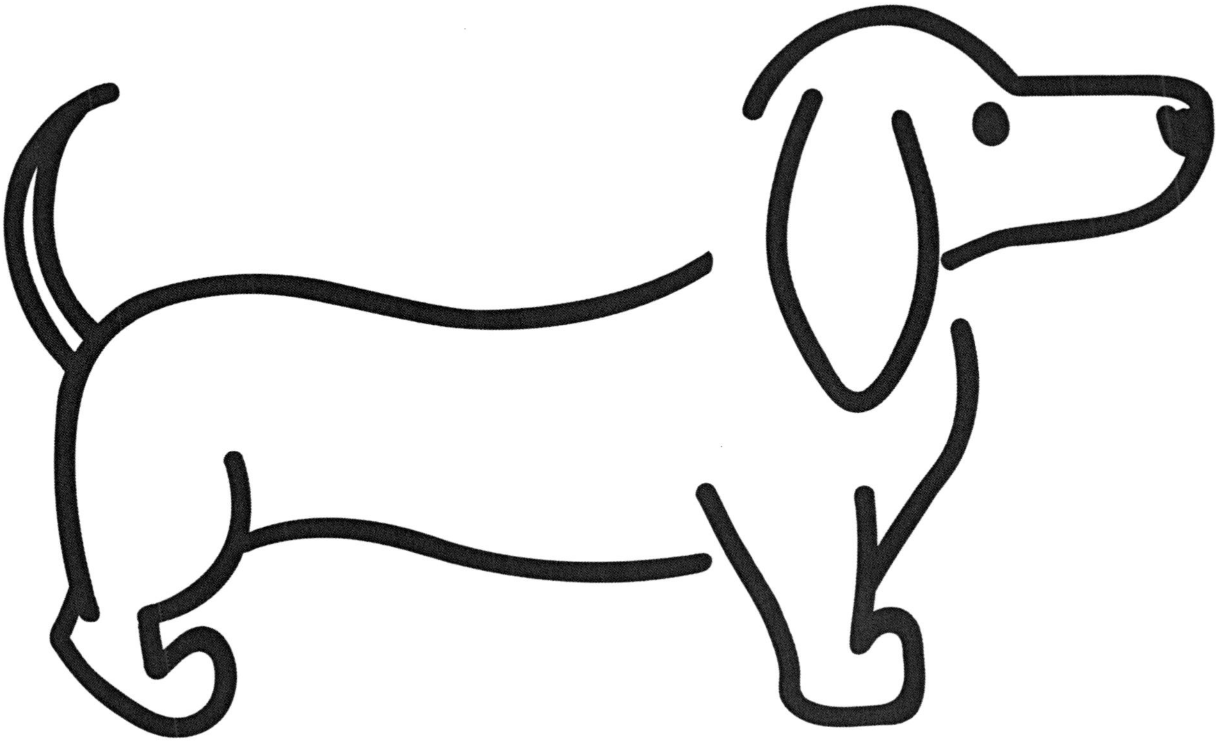

Die Lösungen

Vor der Lektüre - Titelbild, Buchumschlag, Inhalt

Aufgabe 1: Individuelle Lösungen möglich

Aufgabe 2: Im Albstädter/~~Altstädter~~ Bikepark lauert Gefahr. Ein ~~bekannter~~/unbekannter Täter spannt Drähte über die Downhillstrecke und ausgerechnet der elfjährige/~~zwölfjährige~~ Alex fährt in diese Drahtfalle.
Da die Polizei im Dunkeln tappt, ~~gründet Alexa mit ihren Freunden Linus und Bea~~/Alex mit seinen Freunden Linus und Bea eine Detektivbande. Es dauert ~~lange~~/nicht lange und der mysteriöse „Drahtfallentäter" schlägt wieder zu. Kann unter diesen Umständen die ~~Rennrad-Weltmeisterschaft~~/~~Mountainbike-Weltmeisterschaft~~ in ~~Altstadt~~/Albstadt stattfinden? Die ~~Alb-Detektive~~/ALB-Detektive ermitteln im Umfeld der Radsportgegner. Können sie den „~~Drahtfallenverräter~~"/„Drahtfallentäter" stoppen, bevor es weitere Opfer unter den Radsportlern gibt?

Aufgabe 3:
Autorin des Buches: Isabel Holocher-Knosp
Verlag: Knabe Verlag Weimar
Seitenzahl: 70

Kapitel 1: Downhill

Aufgabe 1:
a) 6, 2, 5, 4, 7, 1, 3
6 Am Schluss kam die temporeiche Abfahrt über eine Wiese. (I)
2 Mit seinem Bike hängte er sich an einem Bügel am Lift ein und kam sicher oben an. (O)
5 Weiter ging es über eine Holzbrücke rasant in eine Kurve. (H)
4 Dann raste er an gepolsterten Bäumen vorbei. (N)
7 Weil es so gut gelaufen war, fühlte er sich bereit für eine neue Herausforderung. (L)
1 Alex reihte sich in die Warteschlange am Lift ein. (D)
3 Zuerst kam die Northshore-Rampe, die er gut schafft. (W)
b) Lösungswort: Downhill

Aufgabe 2:
a) Er wählt die Mini-DH Route.
b) DH bedeutet: Downhill, d. h. auf Deutsch „den Berg runter".

Kapitel 2: Falle

Aufgabe 1:

							P									B			
		L	E	N	K	E	R	U	M	K	L	A	M	M	E	R	N		
							O					U				E			
							T					S				M			
							E					B				S			
							K					A				E			
			S	C	H	U	T	Z	B	R	I	L	L	E		N			
					E		O					A							
					L		R					N							
					M		E					C							
							N					I							
												E							
												R							
			K	N	I	E	S	C	H	O	N	E	R						
												N							
	E	L	L	E	N	B	O	G	E	N	S	C	H	Ü	T	Z	E	R	

Aufgabe 2: Protektoren, Schutzbrille, Bremsen, Knieschoner, Ellenbogenschützer

Die Alb-Detektive: Gefahr im Bikepark
Literaturseiten – Bestell-Nr. 14 222

Die Lösungen

Kapitel 3: Spuren

Aufgabe 1:

A	L	B	
		B	ist klein und zierlich.
		B	hat eine Vorliebe für Krawatten.
A	L	B	fahren oft zusammen Fahrrad oder Skateboard.
A			trägt eine Brille.
	L		ist sehr gut in der Schule.
A	L	B	spielen am liebsten Fußball.
	L		kann Roboter programmieren.
		B	trägt gerne einen Männerhut.
	L		will kein Streber sein.
A	L	B	wollen gut miteinander auskommen.
		B	umgibt sich meist nur mit Jungs.
		B	spricht manchmal spanisch.
A			hat einen Onkel, der Polizist ist.
	L		findet sich nicht sportlich genug für Downhill-Fahren.
A			ist begeistert vom Downhill-Fahren.

Aufgabe 2: Steckbriefe

Kapitel 4: Drei Detektive

Aufgabe 1: **a)** Die Kinder wollen eine Detektivbande gründen. Sie nennen sich die ALB-Detektive, weil sich ihre Vornamen darin verstecken und weil sie von der Alb kommen. Damit ist die Schwäbische Alb gemeint.

b) + c)

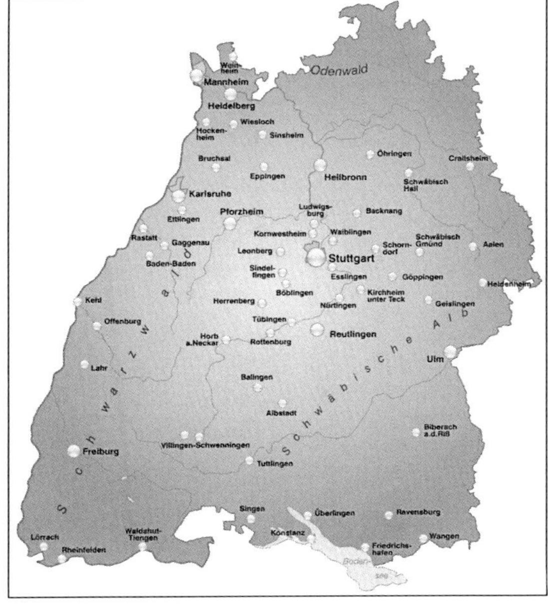

Aufgabe 2: Individuelle Lösungen möglich.

Kapitel 5: Fragen über Fragen

Aufgabe 1:

- eine alte **Wanderkarte**
- einige **Papiertaschentücher**
- einen **Kinderhandschuh**

Die Lösungen

Kapitel 5: Fragen über Fragen

__Aufgabe 2__: Fußabdruck, Draht, Schild

Kapitel 6: Albstadt Bike Marathon

__Aufgabe 1__: Mountainbiker blau:

- Wir machen die Wege nicht kaputt!
- Wir finden den Bikepark toll!

Anwohner rot:

- Die Liftnutzer lassen den Müll liegen!
- Die Straße vor dem Bikepark geht wegen der vielen, mit dem Auto anreisenden, Leute kaputt!

Interessensgemeinschaft grün:

- Die Fahrradfahrer erschrecken das Wild und machen die Wege kaputt!
- Wenn der Weg schmaler als 2 m ist, darf man dort nicht mit dem Rad fahren!
- Die Fahrradfahrer haben schon genug Wege!

Kapitel 7: Der Fußabdruck

__Aufgabe 1__: **a)** Radfahrern, Versorgungsstation, Ast, gestürzt, Karle, bremsen, Schulter, rannten, Unfallstelle, Umgebung

b) Lösungswort: Fußabdrücke

Kapitel 8: Der Plan

__Aufgabe 1__:

Alex ~~schafte~~ es dann aber doch, ihm eine Information zu entlocken: Die neuen Fußabdrücke ~~stimten~~ mit dem Abdruck im Bikepark überein. Na also! Eilig verabschiedete er sich von seinem Onkel und ~~tromelte~~ aufgeregt die Albdetektive ~~zusamen~~.	schaffte stimmten trommelte zusammen
Alex und Bea waren sofort ~~einferstanden~~. Bea dachte auch gleich einen Schritt weiter: „Alex, du bist der schnellste Radfahrer von uns dreien. Falls wir den Täter wirklich am Bürgerturm antreffen, ~~ferfolgst~~ du ihn dann mit dem Fahrrad, wenn er die ~~Feranstaltung~~ wieder ~~ferlässt~~?“	einverstanden verfolgst Veranstaltung verlässt
„Äh“, ~~fur~~ er fort, „aber, aber zum Bürgerturm würde ich ~~in~~ nicht unbedingt ~~mitnemen~~. Da sind zu viele Leute. Wenn er rumbellt, fallen wir megamäßig auf. Das ist nicht gut.“ Beas Mundwinkel sanken augenblicklich nach unten. Er versuchte es mit einem ~~versönlichen~~ Lächeln, doch Bea lächelte nicht zurück.	fuhr ihn, mitnehmen versöhnlichen

__Aufgabe 2__:

- im ersten Absatz — doppelte Mitlaute (Konsonanten)
- im zweiten Absatz — Vorsilbe ver
- im dritten Absatz — stummes h

Kapitel 9: Auf der Lauer

__Aufgabe 1__: Individuelle Lösungen

Kapitel 10: Verfolgungsjagd siehe Buch

__Aufgabe 1__: Alex fragt / Linus und Bea antworten / Alex flüstert / bedauert Linus / meint Alex

Individuelle Lösungen

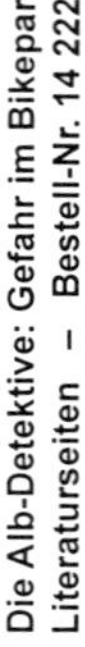

Die Lösungen

Kapitel 11: Dackel contra Drohne

Aufgabe 1: Dackel Fridolin kann
- die Spur aufnehmen.
- die Kinder verteidigen.
- den Täter verfolgen.

Die Drohne kann
- zeitgleich beobachten und filmen.
- in begrenzter Reichweite fliegen.
- Beweismaterial liefern.

Aufgabe 2: Smartphone Webcam

Kapitel 12: Webcam-Spionage

Aufgabe 1: Bilder: Geländewagen, Auto, Parkplatz, Regen, Zweiräder, Sonne.

Aufgabe 2: Konstanz, Balingen, Böblingen, Stuttgart, Sigmaringen, Tübingen.

Kapitel 13: Verschwunden

Aufgabe 1:
a) Linus entdeckt nur Biker, weil das Betreten des Hanges verboten ist.
b) Die Kinder entdecken den Verdächtigen beim Vespern auf einer Bank auf dem Aussichtsfelsen.
c) Bea lässt Fridolin am Auto des Täters riechen.
d) Der Verdächtige geht in Richtung Tailfinger Schloss.
e) Bea ist in Tränen aufgelöst, weil sie ihren Dackel Fridolin nicht finden kann.

Aufgabe 2: 13x

Kapitel 14: Der Hund mit den feurigen Augen

Aufgabe 1: Individuelle Lösungen möglich.

Aufgabe 2: … der Täter ist.
Individuelle Lösungen möglich.

Kapitel 15: Anonyme Bedrohung

Aufgabe 1: Groß, fett, unrasiert, hässliches Gesicht, schräg stehende Augen, große Zinkennase, fettige und ungepflegte Haare.

Aufgabe 2: Phantombild, anonym, DNA, genetischer Fingerabdruck

Kapitel 16: Leserbriefe

Aufgabe 1: Individuelle Lösungen

Kapitel 17: Tarnung

Aufgabe 1: Die drei ALB-Detektive fuhren am nächsten ~~Vormittag (B)~~/**Nachmittag (D)** in der Rabengasse, die in einem **ruhigen (R)**/~~lauten (I)~~ Wohngebiet lag, mit ihren Inlinern auf und ab. Bei dem sonnigen Wetter spielten viele Kinder **draußen (A)**/~~drinnen (K)~~ und somit war der Inlinesport eine gute Tarnung. Wenn man es genau nahm, fuhren allerdings nur Alex und Bea ~~ab und auf (A)~~/**auf und ab (H)**. Linus hangelte sich ~~dafür (M)~~/**dagegen (T)** von einer Straßenlaterne zum nächsten ~~Gartentor (E)~~/**Gartenzaun (F)** und von dort aus erneut zur nächsten Straßenlaterne. Auf so eine blöde Idee konnte auch nur ein ~~Junge (L)~~/**Mädchen (A)** kommen! Für Linus fühlte sich das an, als würde er sich auf Eiern statt auf **Rädern (L)**/~~Reifen (U)~~ fortbewegen. Und weder X-Beine noch seine ~~breit (N)~~/**weit (L)** ausgestreckten Arme konnten ihm zu mehr Stabilität verhelfen.

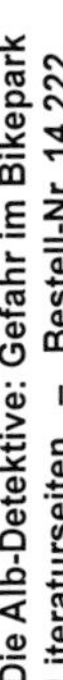

Die Lösungen

Kapitel 17: Tarnung

Aufgabe 1: Immerhin **taten (E)**/~~traten (N)~~ Bea und Alex so, als sei es völlig ~~unnormal (A)~~/**normal (N)**, dass Linus jede Laterne dieser Straße persönlich mit einer Umarmung begrüßen musste. Sie wagten es nicht einmal, ihre Mundwinkel ~~jucken (S)~~/**zucken (T)** zu lassen, geschweige denn zu lachen. Sie wussten genau, dass so ein **Lacher (Ä)**/~~Kracher (N)~~ dazu führen konnte, einen solchen Stoß zu erhalten, dass sie selbst in einer ~~Ecke (A)~~/**Hecke (T)** landeten. So **unauffällig (E)**/~~auffällig (S)~~ wie das mit dem herumstolpernden Linus möglich war behielten sie das Haus Nummer 23 im Blick. **Im Haus (R)**/~~In der Garage (U)~~ brannte Licht.

Lösungswort: Drahtfallentäter

Aufgabe 2: Zeichnung eines älteren, großen, wohlbeleibten Mannes mit einer Mülltüte in der Hand. Auf dem Kopf hat er nur noch wenige Haare. Er trägt einen Vollbart. Seine großen Füßen stecken in braunen Pantoffeln.

Kapitel 18: Mörderjagd bei Nacht

Aufgabe 1:

ALEX UND BEA HOLPERTEN AUF IHREN INLINERN ÜBER DEN RASEN.
ALEX UND BEA STOLPERTEN AUF IHREN INLINERN ÜBER DEN RASEN. (r)

ACHTLOS SCHMISS LINUS SEINE INLINER INS GRAS. (r)
ACHTLOS SCHMISS LINUS MEINE INLINER INS GRAS.

DIE DREI FREUNDE ÜBERLEGTEN ZUR POLIZEI ZU STEHEN.
DIE DREI FREUNDE ÜBERLEGTEN ZUR POLIZEI ZU GEHEN. (r)

DOCH ZULETZT WOLLTEN SIE DEN TÄTER AUF FRISCHER TAT ERTAPPEN.
DOCH ZUERST WOLLTEN SIE DEN TÄTER AUF FRISCHER TAT ERTAPPEN. (r)

IN DER NACHT WOLLEN SIE IHM AUFLAUERN. (r)
IN DER NACHT WOLLEN WIE IHM AUFLAUERN.

BEA DARF FRIDOLIN AUCH NICHT MITNEHMEN.
BEA DARF FRIDOLIN AUCH MITNEHMEN. (r)

SIE SPENDIERTE DEN BEIDEN JUNGS EINEN SCHARFEN KAUGUMMI. (r)
SIE SPENDIERTE DEN BEIDEN JUNGS EINEN SCHLAFFEN KAUGUMMI.

DIE JUNGS VERBOGEN AUGENBLICKLICH DAS GESICHT.
DIE JUNGS VERZOGEN AUGENBLICKLICH DAS GESICHT. (r)

BEA RINGELTE SICH VOR LACHEN.
BEA KRINGELTE SICH VOR LACHEN. (r)

Kapitel 19: Mit Sack und Pack

Aufgabe 1: Individuelle Lösungen möglich

Kapitel 20: Nachtsicht

Aufgabe 1: **a)** Übernachtungsgepäck, Sitzsack, Luftmatratze, Parkplatz, Dunkelheit, Kaninchenbau, Ferngläser, Nachtsichtgerät, Finsternis, Umrisse, Blindheit, Wurst, Schlitzohr

Aufgabe 2: Individuelle Sätze möglich

Kapitel 21: Zitterpartie

Aufgabe 1: Jetzt warteten sie schon seit einer Stunde und es war ~~dunkler~~ **kälter** als gedacht. Hätte er nur die ~~dickere~~ **wärmere** Jacke angezogen! Linus verdrängte ~~eilig~~ **schnell** die Sehnsucht nach seiner ~~warmen~~ **kuscheligen** Bettdecke. Sogar Fridolin zitterte inzwischen. Wenn Bea ~~aufgeregt~~ **angespannt** war, übertrug sich das sofort auf den Dackel. Er witterte Gefahr. Zudem war Fridolin zwar an und für sich ein recht ~~ängstlicher~~ **mutiger** Hund, aber in der Dunkelheit war er stets ~~sicher~~ **unsicher** und ~~mutig~~ **ängstlich**. Deshalb redete Bea fortwährend beruhigend auf ihn ein, streichelte ihn und wärmte dabei auch gleichzeitig ihre ~~eisigen~~ **kalten** Finger in seinem ~~kuscheligen~~ **weichen** Fell.

Die Lösungen

Kapitel 21: Zitterpartie

Aufgabe 2: Adjektive/Wiewörter

Aufgabe 3: Adjektive/Wiewörter

Grundstufe	1. Vergleichsstufe	1. Vergleichsstufe
kalt	kälter	am kältesten
warm	wärmer	am wärmsten
schnell	schneller	am schnellsten
kuschelig	kuscheliger	am kuscheligsten
angespannt	angespannter	am angespanntesten
mutig	mutiger	am mutigsten
unsicher	unsicherer	am unsichersten
kalt	kälter	am kältesten

Kapitel 22: Im dunklen Wald

Aufgabe 1:

E **Fridolin hatte keine Lust auf diese Nachtwanderung.**
Im Ernstfall würde er vermutlich davonrennen und Bea nicht verteidigen.

F **Der Verdächtige hatte einen großen Rucksack dabei.**
Die drei Kinder folgten ihm mit genügend Abstand um nicht gehört zu werden.

E **Linus fand den dunklen Wald unheimlich und fühlte sich unwohl.**
Für den Notfall hatte Bea ein Handy in ihrer Jackentasche.
Plötzlich entdeckten sie Kobler. Er zog etwas Glänzendes aus seiner Jackentasche.

W **Linus erkannte es als erstes: „Das ist eine Rolle Draht!“**
Wie vereinbart ließ Linus es vier Mal bei Alex klingeln, damit dieser die Polizei benachrichtigte.

N **Vor lauter Aufregung begann Fridolin zu bellen, stürzte sich auf Kobler und packte ihn an seiner Hose.**

E **Linus und Bea nutzten die Chance und rannten so schnell sie konnten den Waldweg zurück.**
Der Dackel Fridolin sprang bald neben ihnen her. Zu Linus großer Erleichterung schien er unverletzt zu sein.

S **Nun warteten die beiden hinter einem großen Busch auf die Polizei.**

R E F R E W N I E H C S = S C H E I N W E R F E R

Kapitel 23: Gerechtigkeit

Aufgabe 1: Lösung: Täter gefasst!

Kapitel 24: Weltcup

Aufgabe 1: Individuelle Lösungen möglich

Aufgabe 2: a)+b)

Wer?	Linus, Bea, Alex, Dackel Fridolin (blau)
Wann?	In der Nacht vor der WM (grün)
Wo?	Im Wald auf der WM Strecke im Bullentäle (gelb)
Wie/Was?	Linus, Bea und Fridolin legen sich bei Einbruch der Dunkelheit auf die Lauer Ein Auto biegt auf den Parkplatz. Kobler steigt aus dem Auto. Kobler geht durch den Wald die Rennstrecke bergauf. Die Kinder folgen Kobler mit ausreichend Abstand, um nicht entdeckt zu werden. Der Verdächtige zieht eine Rolle Draht aus seinem Rucksack. Linus lässt es auf Alex Handy klingeln. Alex informiert die Polizei. (rot)
Welche Folgen?	Polizei nimmt den Täter fest. (braun)

Die Alb-Detektive: Gefahr im Bikepark
Literaturseiten – Bestell-Nr. 14 222
KOHL VERLAG

Die Lösungen

Nach der Lektüre – Deine Meinung zum Buch

Aufgabe 1: Individuelle Lösungen möglich

Nach der Lektüre - Kreuzworträtsel

Aufgabe 1:

1. Linus
2. Alex
3. Panorama
4. Drahtfallen
5. Drohne
6. Dackel
7. Reporterin
8. Albstadt
9. Respekt
10. Lukas

Lösungswort: Nervenkitzel

Begleitend zur Lektüre – Leserätsel

Aufgabe Buchstabensalat: 11 x

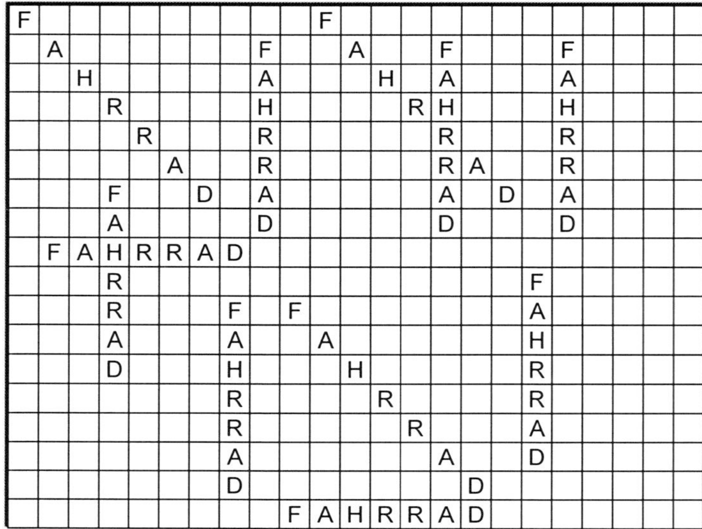

Aufgabe Stolperwörter:

a) Bea spielt mit ihrem Hund ~~lieb~~ im Garten.
b) Die drei Freunde treffen ~~gerne~~ sich gerne zum Spielen.
c) Fridolin freut sich über ~~unter~~ eine leckere Wurst.
d) Linus und Alex sitzen ~~im~~ zusammen im Garten.
e) Fahrrad fahren macht ~~fahren~~ Spaß.
f) Bea, Linus und Alex sind gute Freunde ~~fröhlich~~.
g) Es gibt ~~bleibt~~ verschiedene Hunderassen.
h) Fridolin ist ein ~~sehr~~ Dackel.

Logical 1:

Name:	Linus	Bea	Alex
Fahrrad:	rot	gelb	grün
Klingel:	blau	rot	gelb

Logical 2:

Name:	Alex	Linus	Bea
Verschluss:	grün	schwarz	gelb
Helm:	grün/gelber Blitz	blau/sw. Punkte	sw./blaue Streifen
Schriftzug:	„Cool“